AF509850

Catalogue Spécial d'Ouvrages

POUR

Bibliothèques

EXTRAIT DU CATALOGUE GÉNÉRAL

Ernest Flammarion, Editeur

26, rue Racine, Paris

(6e Arrondissement)

DIVISION DU CATALOGUE

ŒUVRES COMPLÈTES
DE
JULES MICHELET
Édition définitive en 40 volumes

HISTOIRE DE FRANCE :

Moyen Age	6 vol.
Renaissance.	1 vol.
Réforme	1 vol.
Guerres de Religion . .	1 vol.
Henri IV.	1 vol.
Richelieu.	1 vol.
Louis XIV	2 vol.
La Régence	1 vol.
Louis XV.	1 vol.
Louis XV et Louis XVI .	1 vol.
La Révolution . . .	7 vol.
XIXᵉ Siècle.	3 vol.
Vico	1 vol.
Mémoires de Luther. .	1 vol.
Le Peuple. — Nos Fils .	1 vol.
Histoire romaine . . .	1 vol.
L'Oiseau. — La Mer. .	1 vol.

Le Prêtre. — Les Jésuites	1 vol.
La Montagne. - L'Insecte	1 vol.
L'Amour. — La Femme.	1 vol.
Précis d'Histoire moderne. — Introduction à l'histoire universelle .	1 vol.
La Bible de l'humanité.— Une année du Collège de France (1848) . .	1 vol.
Les Légendes du Nord.— La Sorcière	1 vol.
Les Origines du Droit. — L'a France devant l'Europe	1 vol.
Les Femmes de la Révolution. — Les Soldats de la Révolution . .	1 vol.
Lettres inédites adressées à Mˡˡᵉ Mialaret (Mᵐᵉ Michelet).	1 vol.

Chaque volume in-8° cavalier, sur papier de luxe. **7 50**

ÉDITION IN-18

Rome, avec une préface par Mme J. Michelet.	1 vol.
Ma Jeunesse	1 vol.
Mon Journal.	1 vol.
Histoire du XIXᵉ Siècle.	3 vol.
Sur les Chemins de l'Europe.	1 vol.

Chaque volume in-18 jésus, **3 50**

GEORGES WEBER
HISTOIRE UNIVERSELLE
DEPUIS LES TEMPS LES PLUS RECULÉS JUSQU'A NOS JOURS

Histoire ancienne, Peuples orientaux. Un volume in-18	2 »
Histoire grecque. Un volume in-18	3 50
Histoire romaine. Un volume in-18.	3 50
Histoire du moyen age. 2 volumes in-18	7 »
Histoire moderne. 4 volumes in-18	14 »
Histoire contemporaine. 4 volumes in-18.	14 »
Histoire de la littérature allemande depuis son origine jusqu'à nos jours. 1 volume in-18.	3 50

Œuvres complètes de Proudhon

Qu'est-ce que la Propriété ? — 1er Mémoire. Recherches sur le principe du droit et du gouvernement. — 2e Mémoire. Lettre à M. Blanqui sur la propriété. Un vol. in-18 jésus, broché 3 50

Avertissement aux Propriétaires. — Plaidoyer de l'auteur devant la Cour d'assises de Besançon ; Célébration du dimanche ; De la concurrence entre les chemins de fer et les voies navigables ; le Miserere. Un vol. in-18 jésus, broché 3 50

De la création de l'ordre dans l'humanité ou Principe d'organisation politique. Un vol. in-18 jésus, broché 3 50

Système des Contradictions économiques ou Philosophie de la misère. Deux vol. in-18 jésus, brochés . . . . 7 »

Solution du Problème social. — Organisation du crédit et de la circulation. Banque d'échange. Banque du Peuple. Un vol. in-18 jésus, broché 3 50

La Révolution sociale. — Le droit au travail et le droit de propriété. L'impôt sur le revenu. Un vol. in-18 jésus, broché 3 50

Du Principe fédératif. — Si les traités de 1815 ont cessé d'exister. Un vol. in-18 jésus, broché 3 50

Les Confessions d'un Révolutionnaire. — Pour servir à l'histoire de la Révolution de Février. Un vol. in-18 jésus, broché 3 50

Idée générale de la Révolution au XIXe siècle. — (Choix d'études sur la pratique révolutionnaire et industrielle). Un vol. in-18 jésus broché. . 3 50

Manuel du Spéculateur à la Bourse. — Un vol. in-18 jésus, broché. . 3 50

La Guerre et la Paix. — Recherches sur le principe et la constitution du droit des gens. Deux vol. in-18 jésus, brochés . . . . 7 »

Théorie de l'Impôt. Un vol. in-18 jésus broché 3 50

Des Réformes à opérer dans l'exploitation des chemins de fer. Un vol. in-18 jésus, broché 3 50

Majorats littéraires. — Fédération et Unité en Italie. Les démocrates assermentés. Un vol. in-18 jésus, broché 3 50

Brochures et Articles de Journaux, lettres, etc., depuis février 1840 jusqu'à 1852 (réunis pour la première fois). Articles du *Représentant du Peuple,* du *Peuple,* de la *Voix du Peuple,* du *Peuple* de 1850, 3 vol. in-18 jésus, brochés 10 50

Philosophie du Progrès. — La Justice poursuivie par l'Eglise. Un vol. in-18 jésus, broché 3 50

De la Justice dans la Révolution et dans l'Eglise (avec les deux premiers volumes inédits). 6 vol. in-18 jésus, brochés . . . . . . 21 »

Théorie de la Propriété, suivie d'un plan de l'Exposition universelle. Un vol. in-18 jésus, broché 3 50

De la Capacité politique des classes ouvrières. Un vol. in-18 jésus, br. 3 50

France et Rhin. Un vol. in-18 jésus, broché 2 50

Théorie du mouvement constitutionnel. Un vol. in-18 jésus, broché . 3 50

La Pornocratie ou les Femmes dans les temps modernes. Un vol. in-18 jésus, broché 3 50

Amour et Mariage. Un vol. in-18 jésus, broché 3 50

Du Principe de l'Art et de sa destination sociale. Un vol. in-18 jés., br. 3 50

Césarisme et Christianisme, avec une préface par M. Langlois, Deux vol. in-18 jésus, brochés . . . . 7 »

Abrégé de ses œuvres. Un vol. in-18 jésus, broché 3 50

Œuvres de Camille Flammarion

Astronomie populaire. *Nouvelle édition, complètement refondue, centième mille.* Un beau volume gr. in-8 jésus, 840 pages, 360 gravures 7 chrom., cartes célestes, etc., broché . . . . 12 »

Les Étoiles et les Curiosités du Ciel. Description complète du ciel, étoile par étoile, constellations, instruments, etc. Un vol. gr. in-8 jésus, 400 gravures cartes et chromolitho., broché *(55ᵉ mille)* . 12 »

Les Terres du Ciel. Description des planètes de notre système. Un vol. in-8 jésus, photographies célestes, vues télescopiques, cartes et 400 figures, broché *(50ᵉ mille)* . . . . 12 »

Le Monde avant la création de l'Homme. Origines du monde, de la vie, de l'humanité. Un vol. in-8 jésus, 5 aquarelles, 8 cartes en couleur, 400 figures, broché. *(56ᵉ mille)*. . . . . 12 »

La Fin du Monde. Illustrations de Bayard, J.-P. Laurens, Rochegrosse, Robida, Grasset, Rudaux, etc. Un vol. in-8, broché *(16ᵉ mille)* . 10 »

Le même, in-18 jésus, broché. . . . . 4 »

Uranie. Illustrations de Bayard, Bieler, Faléro, Myrbach, etc. Un vol. in-8, broché. *(30ᵉ mille)* . . . . 10 »

Le même, in-18 jésus, broché. 3 50

Lumen. Illustrations de Rudaux. Un vol. in-8, broché. . . . . 5 »

Dieu dans la Nature, ou le Spiritualisme et le Matérialisme devant la Science. Un volume in-18 jésus, broché, avec portraits. *(36ᵉ édition)*. . . . . 4 »

Dans le Ciel et sur la Terre. Tableaux et harmonies. Un vol. in-18 jésus, illust. de 4 eaux-fortes de Kauffmann, br. . . . . . . 4 »

La Pluralité des Mondes habités, au point de vue de l'Astronomie, de la Physiologie et de la Philosophie naturelle. Un vol. in-18 jésus, avec figures, broché *(57ᵉ édition)* 3 50

Les Mondes imaginaires et les Mondes réels. Revue des Théories humaines sur les habitants des astres. Un vol. in-18 jésus, avec figures, broché *(23ᵉ édition)*. 3 50

Récits de l'Infini. *Lumen.* Un vol. in-18, br. *(14ᵉ édit.)* 3 50

Sir Humphry Davy. Les Derniers Jours d'un Philosophe. Entretiens sur la nature, etc. Traduit de l'anglais. Un vol. in-18, broché *(10ᵉ édition française)* 3 50

Mes Voyages aériens. Journal de bord de douze voyages en ballon, avec plans topographiques. Nouvelle édition. Un volume in-18 jésus, broché 3 50

Stella. Roman. Un vol. in-18 jésus, br. *(10ᵉ mille)* 3 50

L'Inconnu et les Problèmes psychiques. Un vol. in-18 jésus, broché. *(15ᵉ mille)* 3 50

Atlas astronomique de poche, dressé sous la direction de Camille Flammarion, 18 cartes et explications. In-18 jés., br. 1 50

GRANDS HISTORIENS CONTEMPORAINS
étrangers

BUCKLE. — **Histoire de la Civilisation en Angleterre.** Traduction Baillot. Nouvelle édition. 5 volumes in-18, brochés. 17 50

MOTTLEY. — **La Révolution des Pays-Bas au XVIe siècle.** Nouvelle édition. 6 volumes in-18, brochés . . . . 21 »

J.-W. DRAPER. — **Histoire du développement intellectuel de l'Europe.** Traduction de L. Aubert. 3 volumes in-18, brochés . 10 50

MOMMSEN. — **Histoire romaine.** Traduction de Guerle. Nouvelle édition. 7 volumes in-18, brochés. 24 50

DIXON. — **La Nouvelle Amérique.** Un volume, broché. . . 6 »

J.-G. HERDER. — **Philosophie de l'Histoire de l'Humanité.** Traduction de E. Tandel. 3 volumes, brochés . . . . 18 »

W. IRVING. — **Vie de Mahomet.** Traduction de Henri Georges. Un volume, broché . . . . 6 »

KARCHER. — **Etudes sur les institutions politiques et sociales de l'Angleterre.** Un volume, broché . . . . 6 »

J.-H. KIRK. — **Histoire de Charles-le-Téméraire, duc de Bourgogne.** Traduction de Ch. Flor O'Squarr. 3 vol., brochés . . . . . 18 »

COLLECTION DES ÉPOPÉES NATIONALES

Les Niebelungen, poème traduit de l'allemand, par E. DE LAVELEYE. Deux vol. in-16 elzévir, cartonnés. . . . . 7 »

Le Roman du Renard, mis en vers, introduction et notes par CH. POTVIN. Un volume in-16 elzévir, cartonné. 3 50

La Ramayana, poème de Valmiky, traduction de H. FAUCHE. Un volume in-16 elzévir, sur papier vergé, cartonné 3 50

Le Paradis de Mahomet, d'après le Coran et le Prophète, suivi de l'Enfer, trad. de l'Arabe par A. ALRIC. Un vol. cartonné . . . 3 50

Œuvres choisies de Kalidasa. La Çakountala. — Raghou-Vança. — Mégha-Douta. Traduction de H. FAUCHE. Un vol. in-18 jésus (Collection Lacroix), broché. 3 50

La Saga des Niebelungen dans les *Eddas* et dans le *Nord scandinave*, précédée d'une étude sur la formation de l'épopée, par E. DE LAVELEYE. Un volume in-18 jésus, broché. 3 50

La Chanson de Roland, suivie de la chronique de Turpin, traduction de E. DE SAINT-ALBIN. Un vol. in-18, broché 3 50

Le Kalevala, épopée nationale de la Finlande et des peuples finnois. Traduction de LÉOUZON-LEDUC. Un volume in-8, broché. . . 7 50

Légendes et contes de Provence, par CH. DE MARTIN-DONAS. Un volume in-18 jésus, broché 3 50

PUBLICATIONS HISTORIQUES & MILITAIRES

La Révolution française, *Constituante ; Législative ; Convention ; Directoire,* par M. Armand Dayot, inspecteur des Beaux-Arts. Un magnifique volume in-4° oblong; environ 2.000 planches d'après les peintures, sculptures, gravures du temps, broché . . . . 20 »
Ouvrage honoré de souscriptions du Ministère de l'Instruction publique.

Journées révolutionnaires, (1830-1848), par M. Armand Dayot. Un volume in-4° oblong, illustré d'après les peintures, sculptures, gravures du temps, broché. . . . . . 10 »
Ouvrage honoré de souscriptions du Ministère de l'Instruction publique.

Le Second Empire, (1851-1870), par M. Armand Dayot. Un volume in-4° oblong, illustré de 1.000 gravures d'après les peintures, dessins, etc., broché . . . . 15 »

Histoire de la Révolution française, par Louis Blanc. 15 volumes in-18 jésus, brochés. Net . . . . . 30 »

Histoire de la Révolution de 1848, par Louis Blanc. 2 vol. in-18 jésus, brochés . . . . 7 »

Napoléon Bonaparte à Auxonne, par H. Bois. Un volume in-18 jésus, illustré, broché. 3 50

Élisa Napoléon (Baciocchi), par E. Rodocanachi. Un volume in-18 jésus, broché 3 50

Sainte-Hélène. *Journal inédit du Général Baron Gourgaud,* de 1815 à 1818, publié avec une préface et des notes par MM. le Vicomte de Grouchy et Antoine Guillois. Deux vol. in-8°, brochés . . . . 15 »

Itinéraire illustré de l'épopée de Waterloo. Guide historique, par Georges Barral. Illustrations de A. Hamesse. Un volume in-18, cartonné 3 50

Mémoires militaires du Maréchal Jourdan, *Guerre d'Espagne,* publiés d'après le manuscrit original par le Vicomte de Grouchy. Un volume in-8, broché . . 7 50

Brumaire, Scènes historiques de l'an VIII (1799), par E. Noel. Un volume in-8, broché 7 50

PUBLICATIONS HISTORIQUES & MILITAIRES

La Guerre de demain, par le Capitaine Danrit. Dessins et couvertures en couleurs par Paul de Sémant.
La Guerre de Forteresse. Deux volumes in-18 jésus, brochés . . . . 7 »
En rase Campagne. Deux vol. in-18 jésus, br. . . . 7 »
En Ballon. Deux volumes in-18 jésus, brochés . . . 7 »

Le Journal de Guerre du Lieutenant Von Piefke, contre-partie de la *Guerre de Forteresse,* racontée par un officier allemand. Traduction Danrit et de Pardiellan. Un volume in-18 jésus, broché 3 50

Des Braves, par Mgr Lanusse, aumônier à l'École militaire de Saint-Cyr. Un vol. in-18 jésus, br. 3 50

Les Héros de Camaron, par Mgr Lanusse. Un volume in-18 jésus, broché. 3 50

L'Heure suprême à Sedan, par Mgr Lanusse. Un volume in-18 jésus, broché. 3 50

Vingt minutes dans la vie d'un peuple, par Mgr Lanusse. Un volume in-18 jésus, broché 3 50

Le Livre d'Or de 1870, par Gaston Armelin. Un volume in-18 jésus, broché. 3 50
Ouvrage honoré de souscriptions du Ministère de l'Instruction publique.

La Gloire des vaincus, *Poésies patriotiques,* par Gaston Armelin. *Ouvrage couronné par l'Académie française.* Un volume in-18 jésus, broché 3 50

L'Oubli ?, *Alsace-Lorraine, (1877-1899),* par Th. Cahu et L. Forest. Un volume in-18 jésus, broché 3 50

Vers la Paix, par Th. Cahu et L. Forest. Un volume in-18 jésus, broché 3 50

Le Soldat français, par Théodore Cahu. Un volume in-18 jésus, illustré, broché. 3 50

PUBLICATIONS HISTORIQUES & MILITAIRES

Batailles françaises, par le Général Hardy de Périni.
    I. — *Guerres féodales. (1214 à 1559).* Un volume in-18 jésus, illustré, broché 3 50
    II. — *Guerres de Religion. (1562 à 1620).* Un volume in-18 jésus, illustré, broché 3 50
    III. — *Louis XIII et Richelieu. (1621 à 1643).* Un volume in-18 jésus, illustré, broché 3 50
    Ouvrage honoré de souscriptions du Ministère de la Guerre.

Sanglants combats, par Georges Bastard. Un volume in-18 jésus, illustré, broché 3 50

Charges héroïques, par Georges Bastard. Un volume in-18 jésus, illustré, broché 3 50

Un jour de bataille, par Georges Bastard. Un volume in-18 jésus, illustré, broché 3 50

Défense de Bazeilles, par Georges Bastard. Un volume in-18 jésus, illustré, broché 3 50

La Révolution, par Edgar Quinet. Deux forts volumes in-18 jésus, brochés . . . . 7 »

La Création, par Edgar Quinet. Deux volumes in-8, brochés . . . . 7 »

Mémoires d'Exil, par Edgar Quinet. Un volume in-18 jésus, broché . . . . 3 »

Madame de Lamballe, d'après des documents inédits par G. Bertin. Un volume in-18 jésus, broché . . . 3 50

Un Témoin des deux Restaurations, Edmond Giraud. Fragments de journal intime, publiés par Ch. Bigot. Un volume in-18 jésus, broché. 3 50

Mémoires du Comte Gaspard de Chavagnac, *(1638-1695)*, d'après l'édition originale de 1699. Un vol. in-8, br. 7 50

Lettres sur l'Expédition du Mexique, du Lieutenant-Colonel Loizillon, publiées par sa sœur. Un volume in-18 jésus, broché 3 50

PUBLICATIONS HISTORIQUES & MILITAIRES

Officier et Soldat, par Georges de Lys. Un volume in 18 jésus, broché 3 50

Cantinières et Vivandières françaises, par le Capitaine Richard. Un volume in-18 jésus, orné de portraits et illustrations, broché 3 50

Vadier, *président du Comité de Sûreté générale,* **sous la Terreur,** d'après des documents inédits, par A. Tournier. Préface de Jules Claretie. Un volume in-8 colombier. 6 »

Notre-Dame de Thermidor, par Arsène Houssaye. Un vol. in-18 jésus, avec portrait de Mᵉ Tallien, br . . . 3 50

Mˡˡᵉ de la Vallière et Mᵐᵉ de Montespan, par A. Houssaye. Un vol. in-18 jésus, br. 3 50

Un Homme de lettres sous le Consulat et sous l'Empire. Portrait d'Ed. Giraud, par Maurice Albert. Un vol. in-18 jésus, broché 3 50

Autour du drapeau tricolore (1789-1889), par le Général Thoumas. Un vol. grand in-8, 200 illustrations, 32 grav. en couleur, broché . . . . 17 »

Garibaldi. 1807-1882. La République romaine. Les Mille. Armée des Vosges, par le Général Bordone. Un vol. in-18 jésus, portrait et autographes, broché 3 50

Gambetta. Souvenirs anecdotiques, par A. Tournier. Un volume in-18 jésus, broché 3 50

La France parlementaire, par Lamartine. 6 volumes in-8, brochés. Prix net. . . . . 10 »

Origines de la démocratie. *La France au Moyen Age,* par P. Morin. Un volume in-18 jésus, br.. . . . . . 3 50

Le Dix-Neuvième siècle, par Dolfus. Un volume in-18, jésus, broché 3 50

PUBLICATIONS HISTORIQUES & MILITAIRES

Souvenirs diplomatiques et militaires du Gal Thiard,

Chambellan de Napoléon Ier, publiés par M. L. Lex. Ancien
élève de l'Ecole des Chartes. Un vol. in-18 jésus, br. . 3 50
Ouvrage honoré d'une souscription du Ministère de l'Instruction publique.

L'Impératrice Eugénie, par Pierre de Lano. Un volume
in-18 jésus, broché. 3 50

La Cour de Napoléon III, par Pierre de Lano. Un
volume in-18 jésus, broché 3 50

L'Empereur (Napoléon III), par Pierre de Lano. Un volume
in-18 jésus, broché. 3 50

COLLECTION NOUVELLE DE MEMOIRES MILITAIRES

Campagne de 1812. — Récits de témoins oculaires, mis en ordre par
M. Georges Bertin. Un vol. in-8 colombier . . . . 6 »

Campagne de 1813, par M. G. Bertin. Un vol. in-8 col. . . . 6 »

Campagne de 1814, par M. G. Bertin. Un vol. in-8 col. . . . . 6 »

Mémoires du Général baron Roch Godart (*1792-1815*). Publiés par
J.-B. Antoine. Un vol. in-8 colombier . . . . 6 »

Mémoires d'un Aide-major sous le premier Empire. *Guerre
d'Espagne* (*1808-1814*), par Sébastien Blaze; publiés par Napoléon
Ney. Un vol. in-8 colombier. . . . . 6 »

L'épopée de Waterloo, d'après des documents inédits, par M. Georges
Barral. Un vol. in-8 colombier . . . . 6 »

L'armée de Bonaparte en Egypte (*1798-1799*), par le commandant
Guitry. Un vol. in-8 colombier. . . . . 6 »

4e Zouaves et Zouaves de la Garde, par le lieutenant Burkard;
préface du Gal du Barail. Deux vol. in-8 colombier . . . . 12 »

Campagne de Crimée. *Lettres écrites par le capitaine* Loizillon *à sa
famille*, préface de M. Galbert. Un volume in-8 colombier. . 6 »

Mémoires d'une contemporaine. (*Consulat et Empire*), par Ida
Saint-Elme, publiés par Napoléon Ney. Un vol. in-8 col. . . 6 »

ÉDITIONS JOUAUST

NOUVELLE BIBLIOTHÈQUE CLASSIQUE

ET DES MÉMOIRES RELATIFS A L'HISTOIRE DE FRANCE

Chaque volume in-16 elzévirien : 3 francs

Portrait de chaque auteur gravé à l'eau-forte, avec lettre. . .   **2 francs.**

Avant lettre. . . . .   **3 francs**

Aubigné (d'). *Mémoires,* pub. par L. Lalanne . . . .   1 vol.

— *Les Tragiques,* avec une étude par Ch. Read . . . .   2 vol.

Beaumarchais. *Le Barbier de Séville,* avec une étude et des notes par A. Vitu . . . . .   1 vol.

— *Le Mariage de Figaro* . . . . . .   1 vol.

Boileau, publ. par P. Chéron.   1 vol.

Bossuet. *Oraisons funèbres,* publiées par A. Gasté . . . . .   1 vol.

— *Discours sur l'histoire universelle,* publié par A. Gasté . .   1 vol.

Boufflers. *Contes,* publiés par E. Asse . . . .   1 vol.

Brancas (Duchesse de) *Mémoires,* publiés par E. Asse   1 vol.

Brantôme. *Les Dames galantes,* publ. par H. Bouchot . . . .   2 vol.

Calidasa. *Sacountala,* trad. par Bergaigne et Lehugeur . .   1 vol.

Chamfort. *Œuvres choisies,* publiées par M. de Lescure, I. *Maximes et Pensées.* — II. *Portraits ; Caractères ; Anecdotes et Bons Mots ; le Marchand de Smyrne* . . . .   2 vol.

Chénier (André). *Poésies,* publ. par Eug. Manuel . . . . .   1 vol.

Choisy (Abbé de). *Mémoires,* publiés par M. de Lescure . . . .   2 vol.

Corneille *Théâtre,* publié par V. Fournel . . . .   5 vol.

Chaque volume se vend séparément.

Courier (P. L.). *Œuvres,* avec préface de F. Sarcey. I. *Pamphlets politiques.* — II. *Lettres et Articles de journaux, Procès, Mémoires, Pamphlets littéraires.* — III. *Lettres écrites de France et d'Italie* . .   3 vol.

Diderot. *Œuvres choisies,* préface de P. Albert :

— *Contes et Mélanges* . . . .   1 vol.

— *Œuvres dramatiques* . . . .   1 vol.

— *Correspondance avec Mlle Voland* . . . .   3 vol.

— *Variétés* . . . .   1 vol.

Fénélon. *Education des Filles,* préface de O. Gréard . . . . . .   1 vol.

Florian. *Fables* . . . .   1 vol.

Fontenelle. *Œuvres choisies,* préface de J.-F. Thénard . .   2 vol.

Hamilton. *Mémoires de Grammont,* publ. par M. de Lescure   1 vol.

Me du Hausset. *Mémoires,* publiés par H. Fournier . . .   1 vol.

Horace. *Odes, Satires, Epitres,* trad. de Jules Janin . . . . . .   2 vol.

ÉDITIONS JOUAUST

La Bruyère. *Les Caractères,* pub. par L. LACOUR.......　2 vol.

La Fayette (M⁰ de). *Mémoires,* publiés par E. ASSE.　1 vol.

La Fontaine. *Fables,* préface de P. LACROIX........　2 vol.

— *Contes,* pub. par D. JOUAUST.　1 vol.

La Rochefoucauld. *Maximes,* publ. par J.-F. MÉNARD.....................　1 vol.

Linguet-Dusaulx. *Mémoires sur la Bastille,* pub. par H. MONIN...............　1 vol.

Louvet de Couvrai. *Mémoires,* publ. par A. AULARD.　2 vol.

Maistre (Xavier de). *Voyage autour de ma chambre; le Lépreux de la cité d'Aoste; les Prisonniers du Caucase.* Préf. de J. CLARETIE.......　1 vol.

Malherbe. *Poésies,* pub. par P. BLANCHEMAIN...........　1 vol.

Marivaux. *Théâtre,* préface de F. SARCEY............　2 vol.

Marmontel. *Mémoires,* pub. par M. TOURNEUX..........　3 vol.

Molière. *Théâtre,* pub. par D. JOUAUST, avec préface de 1682, annotée par G. MONVAL....................　8 vol.

Chaque volume se vend séparément.

Montaigne. *Les Essais,* publiés par H. MOTTREAU. (Édition couronnée par l'Académie française)..............7　vol.

Montesquieu. *Grandeur et décadence des Romains,* pub. par J. FRANCESCHI........　1 vol.

Rabelais. Publié par P. LACROIX...................　4 vol.

Racine. *Théâtre,* pub. par V. FOURNEL ....　3 vol.

Chaque volume se vend séparément.

Regnard. *Théâtre,* pub. par G. D'HEYLLI..............　2 vol.

Régnier. *Œuvres,* pub. par L. LACOUR ....　1 vol.

Rivarol. *Œuvres choisies,* publ. par M. DE LESCURE. I. *Universalité de la langue française; Discours de l'homme intellectuel et moral; Maximes.* — II. *Tableaux de la Révolution...............*　2 vol.

Rotrou. *Théâtre choisi,* publ. par L. DE RONCHAUD.......　2 vol.

Rousseau (Jean-Jacques). *Les Confessions* ....　3 vol.

Satyre Ménippée, publiée par CH. READ..............　1 vol.

Saint-Evremond. *Œuvres choisies,* publiées par M. DE LESCURE................　1 vol.

Sterne. *Voyage Sentimental.* Trad. de A. HÉDOUIN.......　1 vol.

Voiture. *Lettres,* publiées par O. UZANNE...........　2 vol.

Voltaire. *Œuvres choisies,* publ. par G. BENGESCO :

— *Théâtre* ....　1 vol.

— *Romans et Contes.........*　4 vol.

— *Poésies..................*　1 vol.

— *Histoire de Charles XII.....*　2 vol.

— *Dictionnaire philosophique..*　2 vol.

VOYAGES. — NOTES ARCHÉOLOGIQUES

Des Alpes aux Pyrénées, par P. Arène et A. Tournier.
Etapes félibréennes. Un vol. in-18 jésus, br. 3 50

Le Transvaal et l'Angleterre en Afrique du Sud,
par G. Aubert. Un vol. in-18 jésus, br. 3 50

En Mer, par Paul Bonnetain. Un volume in-18 jésus, illustré,
broché 3 50

L'Asie inconnue, par G. Bonvalot. Un volume in-18 jésus,
avec une carte. *(Ouvrage couronné par l'Académie française).*
Broché 3 50

Fumeurs d'Opium, par G. Boissière. Un volume in-18 jésus,
broché 3 50

Vers le Nil français avec la mission Marchand,
par Ch. Castellani. Un beau volume in-8, orné de 150 illust.
d'après les dessins et photographies de l'auteur, br. . . 10 »

Les Femmes au Congo, par Ch. Castellani. Un volume
in-18 jésus, 66 illustr. d'après les dessins et photogr. de
l'auteur, broché 3 50

De Sousse à Gafsa, par Edouard Céalis. Un volume in-18
jésus, illustré, broché. 3 50

La Vie anglaise par deux yeux américains, par
T.-C.-C. Crawfort. Traduit de l'anglais par R. Radest.
Un volume in-18 jésus, br. 3 50

Le long des routes et des grèves, par A. Dayot. Un
volume in-18 jésus, broché 3 50

Tombouctou la mystérieuse, par Félix Dubois. Un vol.
in-18 jésus, 200 illustr. d'après les photographies de l'auteur.
(Ouvrage couronné par l'Académie française), br. . . 3 50

VOYAGES. — NOTES ARCHÉOLOGIQUES

Mon vieux Paris, par Edouard Drumont. Deux volumes in-18 jés. Illust. de G. Coindre. Chaque volume broché   .   3 50

Vers l'Orient, par Robert de Flers. Un vol. in-18 jésus, illustré, br. *(Ouv. couronné par l'Académie française).*   .   3 50

Côte occidentale d'Afrique, par le colonel Frey. Un vol. in-8 jés., nomb. ill., 4 cart. en coul., br.   10   »

La Mer, A bord du Courrier de Chine, par Ch. Hacks. Un volume in-18 jésus, illustré, broché. 3 50

Douze ans en Abyssinie, par Paul de Lauribar. Un volume in-18 jésus, broché 3 50

Au Sahara, par Hugues Le Roux. Un volume in-18 jésus, illustré de photographies de l'auteur, br. 3 50

En Yacht, par Hugues Le Roux. Un vol. in-18 jésus, illustré, broché. *(Ouv. couronné par l'Académie française)* .   .   3 50

Sensations d'Orient, Le Caire, la Judée, la Syrie, par le Dr E. Laurent. Un vol. in-18 jésus, br.   .   .   .   .   .   „   3 50

Madagascar, par A. Martineau. Un volume in-18 jésus, illustrations et cartes, broché 3 50

Vers le Pôle, par le Dr Fridtjof Nansen. Traduction de Charles Rabot. Un beau volume in-8, nombreuses illustrations, broché. (20e mille)   10   »
Ouvrage honoré d'une souscription du Ministère de l'Instruction publique.

Rome, par Jules Michelet, avec une préface par Me Jules Michelet. Un vol. in-18 jésus, broché 3 50

Un hiver en Italie, par Jules Michelet. Un volume in-18 jésus, broché 3 50

VOYAGES. — NOTES ARCHÉOLOGIQUES

Sur les Chemins de l'Europe, Angleterre, Flandre, Hollande, Lombardie, Tyrol, par Jules Michelet. Un vol. in-18 jésus, broché 3 50

Notes sur la vie française en Cochinchine, par Pierre Nicolas. Un vol. in-18 jésus, illustré, broché . 3 50
Ouvrage honoré d'une souscription du Ministère de l'Instruction publique.

D'Aix en Aix, (Savoie, Suisse, Rhin), par Félix Régamey. Un volume in-18 jésus, illustré, broché 3 50

Une Femme chez les Sahariennes. Entre Laghouat et In-Salah, par Mᵉ Jean Pommerol. Un beau volume in-8, 90 illustrations d'après les dessins et photographies de l'auteur, broché . . . . 10 »

Afrique et Africains, par Sevin Desplaces. Un volume in-18 jésus, broché. 3 50

Journal d'un Marin, par Vigné d'Octon. Un volume in-18 jésus, broché 3 50

Siestes d'Afrique, par Vigné d'Octon. Un volume in-18 jésus, broché 3 50

L'Amour et la Mort, par Vigné d'Octon. Un volume in-18 jésus, broché 3 50

Martyrs lointains, par Vigné d'Octon. Un volume in-18 jésus, broché 3 50

Ce qui reste du vieux Paris, par le Vicomte de Villebresme. Un volume in-18 jésus, broché 3 50

Paris, par Auguste Vitu. Un beau volume grand in-8, orné de 500 dessins inédits d'après nature. (Edition Quantin). Belle reliure spéciale . . . . 25 »

Croquis chinois, par W. Meischke Smith. Traduction de L.-P. Delinotte. Illustrations de J. Van Oort. Un volume in-18 jésus, broché. 3 50

ROMANS

Collection in-18 jésus. — Le Volume, 2 francs

AICARD (Jean). — **Don Juan.**

ARÈNE (P.).— **Domnine.** Roman.
— **Le Midi bouge.**

AUBERT (Ch.).—**Pantomimes modernes.** Illustr.

AURIOL (G.). — **Le Chapeau sur l'Oreille.**
— **Hanneton vole !**

BELLAMY (Ed.). — **Looking-Backwards.** (En l'an 2000) trad. par Mme POYNTER-REDFERN.

CAHU (Th.). — **Le Soldat français.** Ill.

CHAVETTE (E.). — **Fil à beurre.**
— **Le Plan de Cardeuc.**
— **La Bande de la Belle Alliette.**
— **La Veuve Rossignol.**
— **La Cléopâtre.**
— **Seul contre trois Belles-Mères.**
— **Le Tombeur des crânes.**

DAUDET (A.). — **Rose et Ninette.**
— **L'Obstacle.** Illustré.

DAUDET (A.), HENNIQUE (L.). — **La Menteuse.**

FLAMMARION (B.). — **Les Idées d'Odette.**

GÉRARD (D^r). — **Le Médecin de Madame.**

GROSCLAUDE. — **Les Potins de Partout.**

LONGUS. — **Daphnis et Chloé.** Illustr.

MAEL (P.). — **Amours d'Orient.**

MAIZEROY (R.). —**Ames tendres.**

MENDÈS (C.). — **Verger-fleuri.**

MOINAUX (J.). — **Le Bureau du commissaire.**

MONTÉGUT. — **Feuilles à l'envers.**

RENARD (J.).— **Poil de carotte.**

RICHEBOURG (E.). — **Le Secret d'une tombe.**
— **La Jolie Dentellière.**

RODENBACH (G.). — **Bruges-la-Morte.** Ill.

SALES (P.). — **Les Madeleines.**

SILVESTRE (A.). — **Contes grassouillets.**
— **Contes de derrière les fagots.** Ill.
— **Histoires belles et honnestes.** Ill.
— **Le Conte de l'Archer.**
— **Le Célèbre Cadet-Bitard.**
— **Belles Histoires d'Amour.** Illustr.

XANROF. — **Cris du Cœur.**

Collection in-18 jésus. — Le Volume, 3 fr. 50

AICARD (Jean). — **Don Juan.**
— **La Chanson de l'Enfant.** (Ouvrage cour. par l'Académie française.)
— **Miette et Noré.**
— **Roi de Camargue.** Roman.
— **L'Ame d'un Enfant.**
— **L'Eté à l'Ombre.** Nouvelles.
— **Notre-Dame d'Amour.** Roman.
— **Diamant noir.** Roman.

AICARD (Jean). — **L'Ibis bleu.** Roman.
— **Fleur d'Abîme.** Roman.
— **Jésus.** Poème.
— **Le Père Lebonnard.** Drame en 4 actes en vers.

ARNOULD (A.). — **Sœur Angèle.**

BUSNACH (W.).—**Vain Sacrifice.**

CAHU (Théodore). — **Le Déserteur.**

CAHU (Théodore). — **Vendus à l'ennemi.**
— **Le Soldat français.**
— **Un Amour dans le Monde.**
— **Loulette voyage.** *Egypte, Constantinople, Vienne, Berlin.*

CHAVETTE (E.). — **Les Petites Comédies du Vice.**
— **Les petits Drames de la Vertu.**
— **Les Bêtises vraies.**

CHAMPSAUR (F.). — **Un nid détruit.**

CHERVILLE (de). — **Contes d'un Coureur des bois.**
— **Nouveaux Contes d'un Coureur des bois.**

CIM (A.). — **Farceurs.**
— **Jeunes Amours.**
— **Bonne Amie.**
— **Institution de Demoiselles.**
— **Joyeuse Ville.**
— **Le célèbre Barastol.**
— **Demoiselles à marier.**

COURTELINE (G.). — **Un client sérieux.**
— **Ah ! Jeunesse.**
— **Messieurs les ronds de cuir.**
— **Potiron.**
— **Les Femmes d'Amis.**
— **Le Train de 8 h. 47.**
— **Lidoire et la Biscotte.**
— **Les Gaîtés de l'Escadron.**
— **Boubouroche.**

DAUDET (Alphonse). — **La Fédor.** Illustré.
— **Aventures prodigieuses de Tartarin de Tarascon.** Illustré.
— **Tartarin sur les Alpes.** Illustré.
— **Port-Tarascon.** Illustré.
— **Jack** (*104ᵉ mille*). Ill.
— **Trente ans de Paris** (*44ᵉ mille*). Ill.
— **Sapho** (*180ᵉ mille*). Ill.
— **Souvenirs d'un homme de lettres.** Ill.
— **L'obstacle.** Ill.
— **Rose et Ninette.** Ill.
— **Les Rois en Exil.** Ill.
— **L'Evangéliste.** Ill.
— **Robert Helmont.** Ill.

DAUDET (A.). — **Premier voyage, premier mensonge.** Ill.

DAUDET (A.). et HENNIQUE (L.) — **La Menteuse.**

DOCQUOIS (G.). **Bêtes et Gens de lettres.**

ESPARBÈS (d'). **Les demi-solde.**
— **Le Roi.**

GORON. **Mémoires : De l'Invasion à l'Anarchie.**
— **A travers le crime.**
— **Haute et basse pègre.**
— **La Police de l'avenir.**
— **L'Amour à Paris : L'Amour criminel.**
— **Les Industries de l'Amour.**
— **Les Parias de l'Amour.**
— **Le marché aux Femmes.**
— **L'Affaire Joizel.**

GRÉBAUVAL (A.). **Le flot qui passe.**

GYP. **Les Cayennes de Rio.**
— **Israël.**
— **Journal d'un Grinchu.**
— **Les Femmes du Colonel.**

HUGO (V.). **Notre-Dame de Paris** (Collect. Guillaume) 2 *vol.*

LAFARGUE (FERNAND). **Baiser perdu.**
— **Les Ouailles du Curé Fargeas.**
— **Toujours aimé.**
— **Une Seconde Femme.**
— **Passions de plage.**

LANO (P. de). **Les Exotiques.**
— **Du Cœur aux Sens.**
— **Suprême pardon.**

LEMONNIER (P.). **Ceux de la Mer.**

MAEL (P.). **Reine-Marguerite.**
— **Amour d'Orient.**
— **Petit Ange.**
— **Mariage mondain.**
— **Amours simples.**
— **Eva et Lilian.**
— **Le Cœur et l'Honneur.**
— **Julia la Louve.**
— **Seulette.**

MALOT (Mᵉ H.). **L'Amour dominateur.**
— **La Beauté.**
— **Le Prince.**
— **Sa Fille.**

Maupassant (Guy de). — **Sur l'eau.**
Ill.
— **Contes du Jour et de la Nuit.**
— **Toine.**

Moineaux (J.). — **Le Monde où l'on rit.**
— **Les Tribunaux comiques.**
— **Causes grasses et causes salées.**
— **Les gaietés bourgeoises.**
— **Le Monsieur au parapluie.**

Morel (E.). — **La Prisonnière.**

Nacla (V^{tesse}). - **Dictionnaire des 36.000 recettes.**

Péladan (Sar). — **La Terre du Sphinx.**
— **Finis Latinorum.**
— **Le Vice suprême.**
— **La Vertu suprême.**

Poirier de Narçay. — **La Bossue.**

Pradel (G.). — **Mauvaise Etoile.**

Riche (Daniel). — **La Folie maternelle.**
— **Féconde.**
— **Stérile.**
— **L'Agonie d'une jeunesse.**
— **Charme d'Amour.**
— **Trouble d'âme.**
— **Les Ressources secrètes.**

Richebourg (Emile). — **Une haine de femme.**
— **Les Hontes de l'Amour.**
— **Les Martyrs du mariage.**
— **Cœurs de Femmes.**

Sales (Pierre). — **Le Ruban rouge: L'Honneur du mari. — Le Rachat de la Femme. 2 vol.**
— **Le Secret du blessé.**
— **Le Haut du Pavé.**
— **Les Madeleines.**
— **Jeanne de Mercœur.**
— **Louise Mornans.**
— **Mariage manqué.**
— **Le Sergent Renaud. — L'Américaine. 2 vol.**
— **Le Puits mitoyen.**
— **Abandonnées.**
— **Une Vipère. Orphelines. 2** volumes.
— **Le Diamant noir.**
— **La Mèche d'or.**
— **La Femme endormie.**

Sales (P.). — **Un Drame financier. — Robert de Champagnac. 2 vol.**
— **Incendiaire.**
— **Sacrifiée. — Pierre Sandrac.** 2 vol.
— **L'Enfant du péché. — Passions de jeunes filles. 2** volumes.
— **Fille de prince. — Premier prix d'Opéra. 2 vol.**
— **Miracle d'Amour. — Le Petit charbonnier. 2 vol.**
— **La Fée du Guildo. — La Malouine. 2 vol.**
— **Le Corso rouge. — L'Ecuyère. 2 vol.**
— **Femme et maîtresse. — Marthe et Marie. 2 vol.**
— **Viviane de Montmoran. Marquis de Trévenec. 2** volumes.
— **Chaîne dorée. — Olympe Salverti. 2 vol.**
— **La course aux Millions. La Mariquita. 2 vol.**
— **Beau page.**
— **L'Argentier de Milan.**

Sigaux (Jean). — **Un second mariage.**

Silvestre (Armand). — **Rose de Mai.**
— **Contes tragiques et sentimentaux.**
— **Histoires belles et honnestes.**
— **Contes à la brune.**

Thorel (Jean). — **Devant le bonheur.**

Tréville (O. de). — **Cœur de poète.**

Tolstoi (Léon). — **Résurrection.** *Trad. de Halpérine-Kaminsky. Ill.*
— **Nouvelle vie.** Illustré.

Willy (H. Gauthier-Villars). — **Entre deux airs.**
— **Notes sans portées.**

Wolff (P.). **Sacré Léonce!**

Yann-Nibor. **Gens de Mer.**
— **Chansons et récits de mer.**
— **Nos Matelots.**

Zola (E.). — **La Faute de l'Abbé Mouret** (75e *mille*). *Ill.*

ŒUVRES D'HECTOR MALOT

Pour la Jeunesse :

Sans Famille. Ouvrage couronné par l'Académie française.
Deux vol. in-18 jésus, dessins de LOEWITZ, br. . . 7 »
Cartonnés toile, tranches dorées . . . . 10 »
Ouvrage honoré de souscriptions du Ministère de l'Instruction publique.

En Famille. Ouvrage couronné par l'Académie française. Deux
volumes in-18 jésus, illustr. de LANOS, br. . . . . 7 »
Cartonnés toile, tranches dorées . . . . 10 »
Ouvrage honoré de souscriptions du Ministère de l'Instruction publique.

La Petite Sœur. Edition refondue pour la jeunesse. Deux
vol. in-18 jésus. Illustrations de ROCHEGROSSE, VOGEL, CHAPUIS,
GUYOT, etc., brochés . . . . 7 »
Cartonnés toile, tranches dorées . . . . 10 »

Pages choisies, des œuvres d'HECTOR MALOT. Un volume
in-18 jésus, broché. 3 50

Le Roman de mes Romans. In-18 jésus, br . . . 3 50

Collection in-18 jésus. — Chaque volume **1 fr. 25**

Le lieutenant Bonnet... ..	1 vol.	Les Millions honteux......	1 vol.
Suzanne...................	1 vol.	Le Docteur Claude.........	2 vol.
Miss Clifton...............	1 vol.	Le Mari de Charlotte.......	1 vol.
Clotilde Martory..........	1 vol.	Conscience	1 vol.
Marichette	2 vol.	Justice...................	1 vol.
Pompon	1 vol.	Les Amants...............	1 vol.
Un Curé de Province......	1 vol.	Les Epoux...............	1 vol.
Un Miracle...............	1 vol.	Les Enfants...............	1 vol.
Romain Kalbris...........	1 vol.	Les Amours de Jacques....	1 vol.
La Fille de la Comédienne.	1 vol.	La Petite Sœur............	2 vol.
L'Héritage d'Arthur.......	1 vol.	Femme d'Argent...........	1 vol.
Le Colonel Chamberlain...	1 vol.	Les Besoigneux...........	2 vol.
La Marquise de Lucilière..	1 vol.	Une bonne affaire.........	1 vol.
Ida et Carmélita..........	1 vol.	Mère.....................	1 vol.
Thérèse..................	1 vol.	Mondaine.................	1 vol.
Le Mariage de Juliette....	1 vol.	Un Mariage sous le Second	
Une belle-mère...........	1 vol.	Empire...................	1 vol.
Séduction..	1 vol.	La belle Madame Donis....	1 vol.
Paulette..................	1 vol.	Madame Obernin...........	1 vol.
Bon Jeune homme........	1 vol.	Micheline.................	1 vol.
Comte du Pape..........	1 vol.	Le Sang Bleu.............	1 vol.
Marié par les Prêtres......	1 vol.	Baccara...................	1 vol.
Cara.....................	1 vol.	Un beau-père.............	1 vol.
Vices français............	1 vol.	Zyte.....................	1 vol.
Raphaëlle................	1 vol.	Ghislaine.................	1 vol.
Duchesse d'Arvernes......	1 vol.	Mariage riche.............	1 vol.
Corysandre...............	1 vol.	Complices.................	1 vol.
Anie.....................	1 vol.	Amours de Vieux.........	1 vol.
		Amours de Jeunes........	1 vol.

Collection in-18 Jésus — Le volume **1** fr. **25**

EUGÈNE SUE

Les Sept Péchés capitaux.	5 vol.	Le commandeur de Malte.	1 vol.
Les Mystères de Paris....	4 vol.	Le Morne au Diable.......	1 vol.
Mathilde (Mémoire d'une jeune femme).................	4 vol.	Les Enfants de l'Amour...	1 vol.
Le Juif-Errant...........	4 vol.	Les Mémoires d'un Mari,	2 vol.
Les Misères des Enfants trouvés................	4 vol.	Le Fils de Famille........	2 vol.
La Coucaratcha..........	1 vol.	Deux Histoires (1772-1810)	1 vol.
La Famille Jouffroy	3 vol.	Arthur. — Journal d'un Inconnu	2 vol.
La Salamandre..........	1 vol.	Miss Mary...............	1 vol.
Latréaumont ....:...	1 vol.	Paula Monti	1 vol.
La Vigie de Koat-Ven	2 vol.	Plick et Plock. - Atar-Gull.	1 vol.
		Thérèse Dunoyer.........	1 vol.

ALEXIS BOUVIER

Chochotte	2 vol.	Iza-la-Ruine.... :.......	1 vol.
Les Seins de Marbre......	1 vol.	La Mort d'Iza	2 vol.
La Belle Olga.............	1 vol.	La Petite Duchesse.......	2 vol.
Les Chansons du Peuple..	1 vol.	La Petite Cayenne........	1 vol.
Mlle Beaubaiser, sage-femme	1 vol.	Le Bel Alphonse..........	2 vol.
Une femme toute nue.....	1 vol.	Le Sang Brûlé............	1 vol.
Ninie...................	1 vol.	Les Pauvres.............	1 vol.
La Petite Baronne........	1 vol.	Le Club des Coquins......	1 vol.
Les Yeux de velours	1 vol.	Mademoiselle Olympe.....	1 vol.
Les Amours de Sang	1 vol.	Les Soldats du désespoir.	1 vol.
Le Fils de l'Amant.......	1 vol.	Histoire d'une jeune fille (Bayonnette)	2 vol.
Veuve et Vierge..........	1 vol.	Auguste Manette.........	1 vol.
Les Créanciers de l'Echafaud..................	2 vol.	La Belle Grêlée..........	2 vol.
La Princesse saltimbanque	1 vol.	Mademoiselle Beau Sourire	1 vol.
La Rousse...	1 vol.	Malheur aux Pauvres.....	1 vol.
Le Domino Rose..........	1 vol.	Le Mariage d'un Forçat...	1 vol.
L'Armée du crime........	1 vol.	Le Drame de Saint-Cyr. — La Bouginotte..........	2 vol.
Lolo....................	2 vol.	Etienne Marcel..........	1 vol.
La Femme du mort.......	2 vol.	Amour, Misère et Cie.....	1 vol.
La Grande Iza..........	2 vol.	Le Mouchard............	2 vol.
Iza, Lolotte et Cie........	1 vol.	Le Fils d'Antony	2 vol.

PIERRE MAEL.		**L. BOUSSENARD.**	
Amours simples	1 vol.	Orphelin.................	1 vol.
I. TOURGUENEFF.		**J. GROS.**	
Eaux printanières........	1 vol.	M. et Mme Mouffetard....	1 vol.
Assia-Faust.............	1 vol.	Mouffetard Ier...........	1 vol.
(Traduction nouvelle de M. DELINES)		**D'ENNERY.**	
THÉODORE CAHU.		Jacqueline...............	1 vol.
La Ronde des Amours....	1 vol.	**R. MAIZEROY.**	
DUVAL.		Le Miracle de Lise... ...	1 vol.
		CHINCHOLLE.	
Napoléon I...............	1 vol.	Le Procès de la Marquise.	1 vol.
Napoléon III.............	1 vol.		

ÉTUDES PHILOSOPHIQUES ET SOCIALES

ÉTUDES PHILOSOPHIQUES ET SOCIALES

Simon (Jules). — **La Politique radicale**.............. 5 »
— **Derniers mémoires**..... 3 50
— **Mémoires des autres**... 3 50
— **Nouveaux mémoires des autres** 3 50
Strauss. — **Vie de Jésus.** — *Trad. de Nefftzer et Dollfus, 2 vol*.............. 12 »
Tolstoi (Léon). — **De la Vie**... 3 50
— **L'argent et le Travail.** *Préface d'Emile Zola* 3 50
— **Pamphile et Julius** 3 50
Tolstoi (L.) et Bondareff (Th.) — **Le Travail**.............. 3 50

Toussénel (A.). — **Les Juifs, rois de l'Epoque**, 2 vol........ 7 »
Villiaumé. — **Histoire de la Révolution française**. 3 vol. 9 »
— **Nouveau Traité d'Economie politique**, 2 vol.......... 5 »
Guyot (Yves). — **Organisation municipale de Paris et de Londres**................ 1 50
— **Doctrines sociales du Christianisme**.......... 3 50
— **Les Tribulations de M. Faubert**................ 1 »
— **Voyages et découvertes de M. Faubert**............ 3 50

COLLECTION DE LA VIE NATIONALE

La Politique, par C. Benoist. Un volume petit in-8°, broché. 3 50

Le Commerce, par G. François. Un volume petit in-8, broché. 3 50

La Question sociale, par A. Liesse. Un volume petit in-8, broché 3 50

L'Education, par François Picavet. Un volume petit in-8, broché. 3 50

Les Finances, par Léon Say. Un volume, petit in-8, broché. 3 50

Les Travaux publics, par Yves Guyot. Un volume petit in-8, broché 3 50

La Salubrité, par Emile Trélat. Un volume petit in-8, broché. 3 50

Ouvrage honoré de souscriptions du Ministère de l'Instruction publique.

PUBLICATIONS ILLUSTRÉES

Miliza, Histoire d'hier, par Constant Améro. Un beau volume in-8, illustrations de Gerlier, br. . . . . . 6 »

Pierre Robinson et Alfred Vendredi, par Lucien Biart. Un vol. in-8, 120 dessins de Gerlier, br. . . . . 6 »

La Belle-Nivernaise. Histoire d'un vieux bâteau et de son équipage, par Alphonse Daudet. Un volume in-8, orné de 220 illustrations de Montégut, broché. . . . . 6 »

Le Tour du Monde d'un Gamin de Paris, par Louis Boussenard. Un vol. in-8, nomb. illustr., br. . 10 »

Aventures d'un Gamin en Océanie, par Louis Boussenard. Un vol. in-8, nomb. illustr., br. . . . 10 »

Aventures d'un Héritier à travers le monde, par L. Boussenard. Un vol. in-8, illustr., br. . . . . 10 »

Aventures d'un Gamin de Paris au pays des Lions, par Louis Boussenard. Un vol. in-8, illust. de Castelli, broché. . . . . 10 »

Aventures périlleuses de trois Français au pays des Diamants, par Louis Boussenard. Un volume in-8, illustrations de J. Férat, broché. . . . . . . 10 »

Les Robinsons de la Guyane, par L. Boussenard. Un volume in-8, illustr. de J. Férat, broché. . . . 10 »

Les Chasseurs de Caoutchouc, par L. Boussenard. Un volume in-8, illust. de J. Férat, broché. . . . 10 »

Sans-le-sou, par L. Boussenard. Un volume in-8, illust. de Clérice, broché . . . . 10 »

Les Français au Pôle Nord, par L. Boussenard. Un volume in-8, illust. de Clérice, broché . . . . . 10 »

Les Secrets de M. Synthèse, par L. Boussenard. Un volume in-8, illust. de Clérice, broché . . . . . 10 »

PUBLICATIONS ILLUSTRÉES

Aventures extraordinaires d'un Homme Bleu, par Louis Boussenard. Un volume in-8, illustrations de Clérice, broché . . . . 10 »

Le Défilé d'Enfer, par Louis Boussenard. Un volume in-8, illustr. de Clérice, broché . . . . 10 »

Voyage et Aventures de Mlle Friquette, par Louis Boussenard. Un vol. in-8, illustr. de Clérice, br. . 10 »

L'Ile en feu, par Louis Boussenard. Un volume in-8, illustrations de Clérice, broché . . . . 10 »

Les Etrangleurs du Bengale, par Louis Boussenard. Un volume in-8, illustr. de Clérice, broché . . . . 10 »

L'Enfer de Glace, par Louis Boussenard. Un volume in-8, illustrations de Clérice, broché . . . . 10 »

Le Pays des Nègres blancs, par Edm. Deschaumes. Aventures d'un français sur la route du Tchad. Un volume in-8, illustrations de Gerlier, broché . . . . . . 6 »

Histoire d'un petit homme, par Marie Robert-Halt. Un volume grand in-8, 100 illustr., br. . . . . . . 6 »
Ouvrage couronné par l'Académie française.

La Petite Lazare, par Marie Robert-Halt. Un vol. grand in-8, illustr. de Gilbert, broché . . . . 6 »

Le jeune Théodore, par Marie Robert-Halt. Un vol. grand in-8, 75 compos. de G. Laugée, broché . . . 6 »
Ouvrage couronné par l'Académie française.

Perdus sur l'Océan, par Louis Jacolliot. Un volume gr. in-8, illustrations de Clérice, broché . . . . . . 10 »

Le Coureur des Jungles, par Louis Jacolliot. Un volume gr. in-8, illustr. de Castelli, br. . . . . 10 »

PUBLICATIONS ILLUSTRÉES

Les Mangeurs de Feu, par Louis JACOLLIOT. Un vol. in-8, illustrations de PARYS, broché . . . . 10 »

Les Ravageurs de la Mer, par Louis JACOLLIOT. Un volume in-8, illustrations de CLÉRICE, broché . . . 10 »

Fables choisies de La Fontaine, illustrées par un groupe des meilleurs artistes japonais. Deux magnifiques volumes in-8, brochés . . . . 12 »

Fables choisies de Florian, illustrées par les artistes japonais. Deux vol. in-16 sur pap. créponné . . . . 14 »

Le même ouvrage, 2 vol. format album . . . . . 17 »

Merveilleuses aventures de Dache, Perruquier des Zouaves, par PAUL DE SÉMANT. Un vol. in-4 raisin, nombreuses illustrations dans et hors texte, broché. . . . . . 8 »

Le Lac d'Or du docteur Sarbacane, par PAUL DE SÉMANT. Un volume in-4 raisin, nombreuses illustr. dans et hors texte, broché. . . . . 8 »

Colas, Colasse, Colette, par JULES SIMON. Un beau volume grand in-8 illustrations de P. AVRIL, LÉANDRE, LOEWITZ, SAUNIER, broché . . . . 10 »

Le Paysan dans l'œuvre de J.-F. Millet, par L. ROGER-MILÈS. Un magnifique volume in-4 jésus, orné d'un portrait de Millet et de 25 reproductions de ses tableaux, cartonnage . . . . 4 »

Les Premières Civilisations, par GUSTAVE LE BON. Un vol. in-8 jésus, illustré de 434 gravures, 9 planches et 2 cartes, broché. . . . . 12 »

Les Civilisations de l'Inde, par GUSTAVE LE BON. Un magnifique volume in-8 jésus, illustré de 352 gravures et héliogravures, broché . . . . 15 »

PUBLICATIONS ILLUSTRÉES

Géographie pittoresque et monumentale de la France, TOME I : **France du Nord,** par Charles Brossard. Un magnifique volume, illustré de 600 gravures dont 160 en couleurs, broché . . . . 25 »
Ouvrage honoré d'une souscription du Ministère de l'Instruction publique.

TOME II : **France de l'Ouest,** par Charles Brossard. Un magnifique volume illustré de 600 gravures, en noir et en couleurs, broché. . . . . 25 »

Paris et le département de la Seine 4 50

Ile - de - France. Seine - et - Oise, Seine - et - Marne, Oise, Aisne 6 50

Picardie ; Artois ; Flandre. Somme, Pas - de - Calais, Nord. 6 50

Normandie. Seine - Inférieure, Eure, Calvados, Manche, Orne. . . . . 8 »

Bretagne. Ille-et-Vilaine, Côtes-du-Nord, Finistère, Morbihan, Loire-Inférieure . . . . 10 »

Maine ; Anjou. Maine-et-Loire, Sarthe, Mayenne . . 4 50

Touraine ; Orléanais. Eure-et-Loire, Loiret, Loir-et-Cher, Indre-et-Loire . . . . 7 »

Berry ; Bourbonnais. Indre, Cher, Allier . . . . . 4 »
L'ouvrage se vend également en livraisons à 60 cent.

Le Monde végétal, Fleurs, Plantes, Fruits, par G. Fraipont. Un volume in-8 jésus, orné d'aquarelles et de nombreux dessins dans le texte, broché. . . . . 12 »
Ouvrage honoré d'une souscription du Ministère de l'Instruction publique.

Physique populaire, par Emile Desbeaux. Un volume in-8 jésus, orné de 508 figures et de 4 aquarelles, broché . 12 »

Histoire naturelle populaire, par Ch. Brongniart. Un volume in-8 jésus, orné de 870 dessins inédits et de 8 aquarelles, broché. . . . . 12 »